Este libro está dedicado a mis hijos - Mikey, Kobe y Jojo.

Copyright © Grow Grit Press LLC. Todos los derechos reservados. Ninguna parte de este libro puede ser reproducida en ninguna forma sin el permiso por escrito de la editorial. Por favor, envíe solicitudes de pedido al por mayor a growgritpress@gmail.com Impreso y encuadernado en los Estados Unidos. NinjaLifeHacks.tv
Tapa blanda ISBN: 978-1-63731-555-2   Tapa dura ISBN: 978-1-63731-556-9

La Ninja de la Comunicación

Por Mary Nhin

Entiendo.

Gracias por confiar en mí.

Te aprecio.

Gracias por compartir conmigo.

Hay una estrategia fácil de recordar estos consejos.

Se llama Comunicación E.E.U.T.

¡Puedes utilizar cualquiera de ellos en cualquier momento y en cualquier orden!

Elige las palabras positivas sobre las negativas.
Escucha.
Usa "yo" en vez de "tú".
Termina con un agradecimiento.

Elige las palabras positivas sobre las negativas.
Por ejemplo, "No te sientes ahí" se convierte en...

Aquí hay otro ejemplo.

"¡No vas por el camino correcto!" se convierte en...

Escucha.
Cuando escucho, realmente escucho.
Hago esto escuchando activamente y no pensando en lo que voy a decir.

También me ayuda a ponerme en el lugar de la otra persona.
¿Cómo me sentiría si esto me pasara a mí?

Y luego se fue con mi tarea, y la encontré hecha pedazos.

Uso "yo" en vez de "tú" cuando hablo.

Por ejemplo, "Me estás confundiendo" se convierte en...

Aquí hay una tabla fácil que muestra cómo usar "yo" más que "tú".

TABLA

- Me hiciste enojar.
- No compartiste.
- No te importa.
- Eres egoísta.
- No juegas conmigo.

- Estoy enojado contigo.
- Realmente me gustaría que compartieras.
- Me entristece cuando...
- Me siento herido cuando..
- Me gusta mucho cuando pasamos tiempo jugando.

Termina con un agradecimiento.

Cuando terminas una conversación con un agradecimiento, muestras aprecio por la otra persona.

Hay muchas maneras de dar las gracias.

TABLA

→ Gracias por compartir eso conmigo.

→ Gracias por decirme.

→ Gracias por confiar en mí.

→ Te agradezco que me lo digas.

Y ahí lo tienen: **la Comunicación E.E.U.T.**

Escoge las palabras positivas sobre las negativas.
Escucha.
Usa "yo" en vez de "tú".
Termina con un agradecimiento.

Estaba tan feliz de compartir la Comunicación E.E.U.T. con mi amigo. Espero que el Ninja Enojado sea capaz de usarla para comunicar sus sentimientos y emociones.

El recordar la estrategia de la Comunicación E.E.U.T. podría ser tu arma secreta contra los problemas de comunicación.

¡Visita ninjalifehacks.tv para obtener imprimibles divertidos gratis!

 @marynhin @GrowGrit
#NinjaLifeHacks

 Mary Nhin   Ninja Life Hacks

 Ninja Life Hacks

@ninjalifehacks.tv

Escoge

Escucha

Usa

Termina

www.ingramcontent.com/pod-product-compliance
Lightning Source LLC
Chambersburg PA
CBHW040209100526
44583CB00002BA/66